RIADH MONIR

Uma Algérie poliglotaUma imprensa polifónica

AF301493

RIADH MONIR

Uma Algérie poliglotaUma imprensa polifónica

ScienciaScripts

Imprint

Any brand names and product names mentioned in this book are subject to trademark, brand or patent protection and are trademarks or registered trademarks of their respective holders. The use of brand names, product names, common names, trade names, product descriptions etc. even without a particular marking in this work is in no way to be construed to mean that such names may be regarded as unrestricted in respect of trademark and brand protection legislation and could thus be used by anyone.

Cover image: www.ingimage.com

This book is a translation from the original published under ISBN 978-620-7-48009-8.

Publisher:
Sciencia Scripts
is a trademark of
Dodo Books Indian Ocean Ltd. and OmniScriptum S.R.L publishing group

120 High Road, East Finchley, London, N2 9ED, United Kingdom
Str. Armeneasca 28/1, office 1, Chisinau MD-2012, Republic of Moldova, Europe
Printed at: see last page
ISBN: 978-620-3-56638-3

Copyright © RIADH MONIR
Copyright © 2024 Dodo Books Indian Ocean Ltd. and OmniScriptum S.R.L publishing group

Argélia poliglota
Uma imprensa polifónica

Obrigado

Gostaria de agradecer a todos os membros da minha família, aos meus pais e aos meus irmãos e, em especial, ao Karim.

Gostaria de agradecer à Sra. Mazot Aouda, ao Sr. Rolf Kailuweit e ao Sr. Fernand Hörner.

Gostaria também de agradecer às pessoas que me incentivaram a realizar este trabalho.

Índice

Introdução

Este trabalho é uma síntese da situação linguística na Argélia e do estado polifónico da imprensa escrita argelina, uma vez que o território argelino é rico em línguas faladas como o árabe, o francês, o espanhol, etc. Existe uma diversidade linguística que gera polifonia no enunciado jornalístico argelino, que inclui as diferentes línguas faladas na Argélia. Sabendo que a polifonia, segundo Ducrot (1980), é a pluralidade de vozes num enunciado, podemos colocar a seguinte questão central: como é que a diversidade linguística na Argélia gera uma situação polifónica no enunciado jornalístico argelino? Desta interrogação resultam alguns postulados que são:

- a diversidade dos discursos em diferentes línguas dá origem a enunciados jornalísticos polifónicos.

A metodologia seguida neste trabalho é a localização de marcas de diversidade linguística nos enunciados jornalísticos argelinos e a crítica funcional dessas marcas identificadas.

O objetivo deste trabalho é o estudo polifónico das marcas de diversidade linguística resultantes da fala local argelina, ou seja, o objetivo é o estudo polifónico dos lexemas resultantes da diversidade linguística existente no território argelino.

Este trabalho divide-se em dois capítulos, o primeiro dos quais resume a situação linguística da Argélia e a diversidade linguística que aí existe. O segundo capítulo trata do estudo polifónico dos enunciados jornalísticos argelinos.

O primeiro capítulo trata das diferentes línguas faladas na Argélia, tais como o árabe, o francês, o berbere, o espanhol, etc. Neste capítulo, baseámo-nos nos trabalhos de Monir (2023) e Taleb Ibrahimi (2004) para discutir os conceitos de árabe, berbere, francês, espanhol, dialeto argelino e inglês na Argélia.

O segundo capítulo aborda o estudo polifónico de diferentes formas de diversidade linguística, como a alternância códica, a neologia, etc. Apoiamo-nos nas bases teóricas de Ducrot (1980) e Nølke (2017).

Situação linguística na Argélia

Árabe

O árabe é uma das línguas semíticas faladas na Argélia. [1]O árabe padrão, árabe clássico ou fosha é considerado uma língua oficial, como salienta Monir (2023): "O árabe, como língua padrão ou fosha17 , cobre todo o país, incluindo outros países como a Tunísia, Marrocos, Mauritânia, Egito, Qatar, Arábia Saudita, etc.". De notar também que o árabe clássico é a primeira língua oficial do Estado argelino e é utilizado na administração, nos meios de comunicação social e no ensino". (2023 :85). Embora esta língua seja falada na maior parte do mundo árabe, como no Egito e no Qatar, tem uma subvariedade utilizada na Argélia, o dialeto argelino, de que falaremos na secção seguinte.

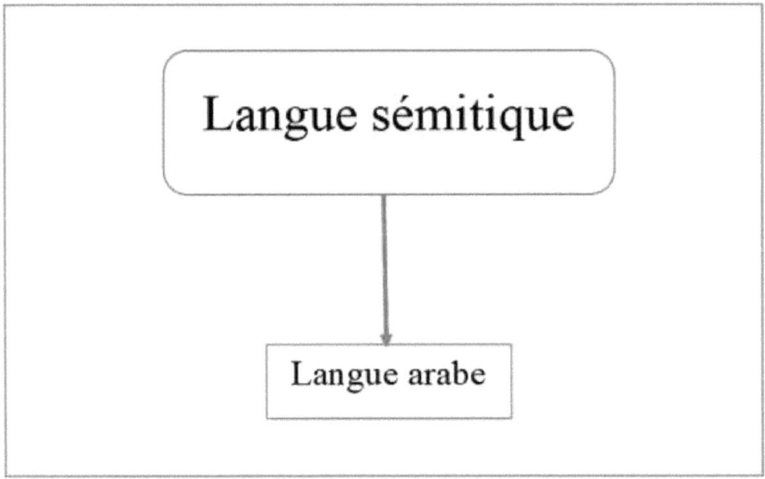

[2][3][4][5][6][7]O árabe é utilizado na Argélia através dos futuhats islâmicos, através dos quais os muçulmanos árabes pretendiam difundir o Islão pelo mundo, a língua árabe é o meio para o desenvolvimento da religião islâmica porque o Corão, a shariaa e a sunna estão em árabe (mas podem ser traduzidos, exceto o Corão, apenas o seu tafsir pode ser traduzido).

---

[1] Árabe clássico.
[2] Conquistas para difundir a religião islâmica.
[3] Uma religião cujo objetivo é a adoração absoluta de Alá e a propagação da paz no mundo.
[4] Livro sagrado que contém a palavra de Alá.
[5] Os princípios do Islão.
[6] O modo de vida e a espiritualidade do profeta Maomé, que a paz e a salvação estejam com ele.
[7] Um livro que explica o verdadeiro significado dos versículos do Corão.

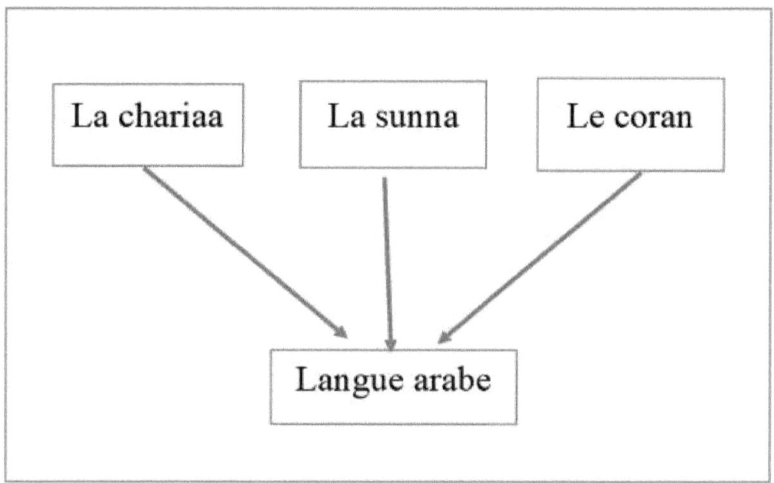

A língua árabe é utilizada em toda a Argélia, onde é utilizada na administração, nas escolas e nos meios de comunicação social. [8]Cada uma das wilayas da Argélia tem a sua própria estação de rádio que emite em árabe.

---

[8] Um dos Estados que constituem o Estado argelino.

A língua francesa

Segundo Monir (2023): "A coabitação franco-argelina, que durou 132 anos, deu origem a uma utilização espontânea da língua francesa sem eliminar a língua primária, o árabe, o que significa que, a par da língua argelina local, o francês é sempre utilizado, devido à aquisição desta língua durante a ocupação francesa da Argélia". (2023 : 94). O francês chegou à Argélia através da ocupação militar francesa da Argélia, que durou 132 anos; a ocupação francesa obrigou os argelinos a utilizar o francês na administração, na escola e nos meios de comunicação social argelinos. Segundo Monir (2023): "Após a libertação do solo aranês da ocupação espanhola, foi estabelecida uma outra ocupação militar, a dos franceses, para todo o território argelino, a língua francesa foi imposta ao povo argelino na sua vida quotidiana e foi ensinada na escola, Houve uma tentativa de suprimir a língua árabe, exceto que os argelinos frequentavam a mesquita pelo menos cinco vezes por dia; esta instituição religiosa protegia a língua árabe da supressão, dando-lhes a oportunidade de recitar o Corão, que é o livro sagrado do Islão dado por Alá, escrito em árabe." (2023 : 94).

[9]Por outro lado, houve uma certa resistência à língua árabe na Argélia durante a ocupação francesa, porque o árabe continuava a ser utilizado para a oração e a recitação do Corão nas mesquitas e zaouias e os princípios da língua árabe eram mesmo aí ensinados, a fim de preservar a identidade árabe-argelina e de manter o Islão como religião e identidade, para não se submeter aos caprichos dos ocupantes, que queriam acabar com a língua árabe substituindo-a pelo francês, acabar com a religião islâmica substituindo-a pelo cristianismo e acabar com a identidade árabe-argelina substituindo-a pela naturalização francesa. Taleb Ibrahimi (2004) afirma que: "O francês, língua imposta a ferro e fogo ao povo argelino, foi um dos elementos fundamentais utilizados pela potência colonial para aperfeiçoar o seu domínio sobre o país conquistado e acelerar a desestruturação, a despersonalização e a

---

[9] Escola corânica.

aculturação de um território que se tornara parte integrante da 'mãe-pátria', a França". (2004 : 210).

Atualmente, o francês é muito utilizado na Argélia, segundo Taleb Ibrahimi (2004): "Foi a partir de 1962 que o uso do francês se difundiu. Os imensos esforços educativos desenvolvidos pelo jovem Estado (com a cooperação do antigo colonizador) explicam facilmente a expansão do uso do francês, que se tornou necessariamente a língua de administração, com a proporção de alfabetizados nesta língua a ultrapassar largamente a de alfabetizados em árabe". (2004 : 211). O francês está presente na administração (por exemplo, na extração de documentos de estado civil, é possível tê-los em francês), e está presente nas escolas, onde o francês é ensinado como disciplina fundamental aos alunos de diferentes níveis (primário, intermédio e secundário),

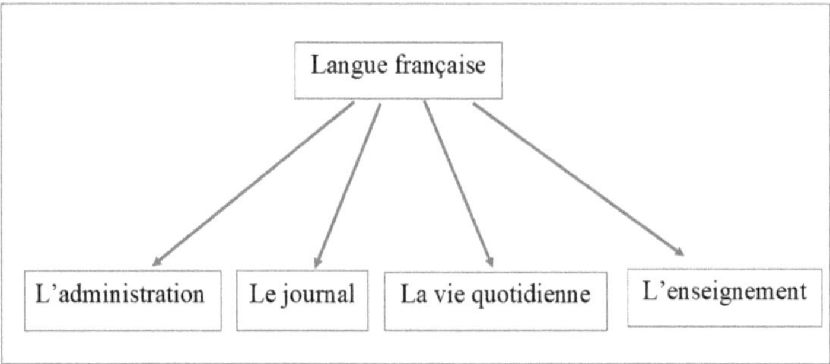

Taleb Ibrahimi (2004) considera que: "Até 1978, data efectiva da implementação da escola básica totalmente arabizada, a dualidade linguística caracterizava o sistema escolar. Num terço das aulas, o ensino era inteiramente em árabe, enquanto nos dois terços restantes, o árabe era utilizado para as disciplinas literárias e o francês para as disciplinas científicas. Após esta data, o francês só era ensinado a partir do terceiro ano da escola primária e, um pouco mais tarde, a partir do quarto ano. O ensino secundário foi totalmente arabizado no final do ano letivo de 1988-1989. O ensino do francês como língua estrangeira diminuiu consideravelmente, chegando mesmo a desaparecer praticamente em certas regiões do interior e do sul. No entanto, continua a existir um desfasamento significativo entre o ensino secundário em língua árabe e o ensino superior, onde o francês continua a ser a língua de ensino de muitas disciplinas científicas. Os alunos precisam de ser adaptados, a taxa de abandono é muito elevada e a taxa de repetição é particularmente elevada. Para tentar remediar esta situação, as autoridades lançaram um vasto programa de reabilitação do ensino do francês, bem como de outras línguas estrangeiras, no âmbito da reforma do sistema escolar argelino iniciada no princípio dos anos 2000". (2004 : 211). O francês está também presente na imprensa em todas as suas formas, como confirma Monir (2023): "O francês continua a ser ensinado nos estabelecimentos de ensino atualmente. No entanto, a língua francesa é também utilizada nos meios de comunicação escritos" (2023: 95).

Berbere

O berbere é a segunda língua oficial da Argélia, a seguir ao árabe. A língua berbere é utilizada em Marrocos, na Tunísia e até no Egito, porque antes da ocupação militar francesa não havia fronteiras entre Marrocos, a Argélia e a Tunísia, havia um único território que albergava os três povos e que se chama *Estrela do Norte de África*, como refere Monir (2023): "Antes da abertura islâmica (*futuhat al islamiya*), a atual Argélia albergava os tuaregues, os beni-zabs e os berberes kabyle, estas tribos partilhavam uma única língua, que é o berbere, é fundamental lembrar que, Marrocos e a Tunísia também partilham a mesma língua berbere, porque antes da ocupação francesa do Norte de África (Marrocos, Argélia e Tunísia) não havia fronteiras" (2023: 88).

O berbere é uma língua subdividida em várias sub-variedades, que se encontram dispersas por toda a Argélia. Segundo Taleb Ibrahimi (2004), existem várias sub-variedades do berbere: "Kabyle ou Taqbaylit (Kabylie), Chaoui ou Tachaouit (Aurès), Mzabi (Mzab) e Targui ou Tamachek dos Tuaregues do sul profundo (Hoggar e Tassili)". (2004 :208). Há ainda o *Taqbaylit*, utilizado na Grande Cabília (Tizi-Ouzou) e na Pequena Cabília (Bejaia), e *o Chaoui*, utilizado na região de Aurès, na Argélia (Batna); *O mzabi* é outra subvariedade do berbere, falado no sul da Argélia (em Ghardaïa) e, por último, o *targui*, falado no extremo sul da Argélia (no Hoggar e em Tassili).

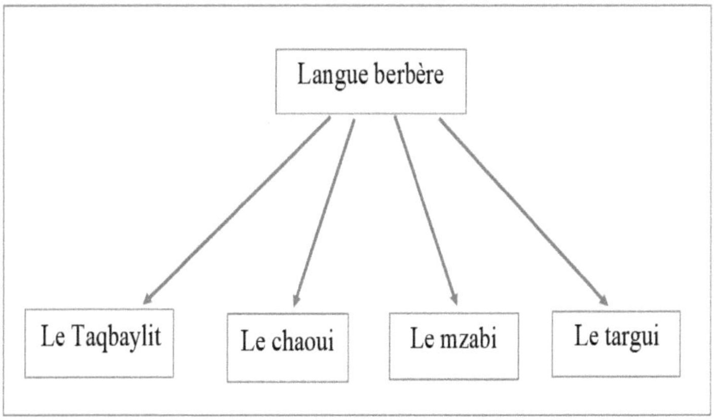

Atualmente, o berbere é ensinado nas escolas como disciplina fundamental e nas universidades como parte do currículo universitário. O berbere ocupa um lugar de destaque no panorama mediático da Argélia, com uma estação de rádio dedicada a programas radiofónicos em língua berbere e canais de televisão em língua *berbere*, como a *Berbère Tv*. Por último, existem cerca de dez jornais, publicados diariamente, semanalmente e quinzenalmente, que emitem em berbere de forma regulamentada, organizada e excessiva.

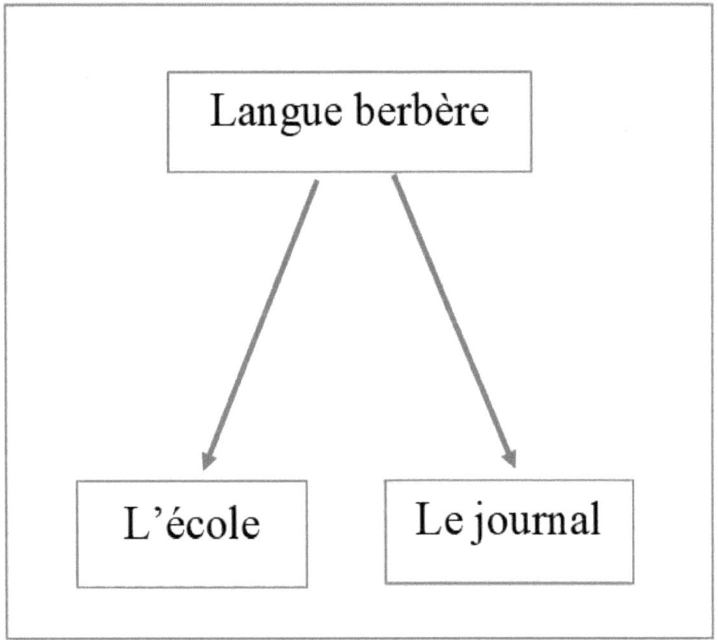

Espanhol

O espanhol, sendo uma das línguas latinas, chegou à Argélia através da ocupação militar espanhola, e quando os espanhóis ocuparam a cidade de Orão como território pertencente a Espanha, houve uma coabitação do povo espanhol com o povo argelino de Orão. Segundo Taleb Ibrahimi (2004): "antes da chegada dos otomanos, os argelinos estavam também em contacto com as línguas europeias. Foi o caso, nomeadamente, do espanhol no oeste do país, principalmente devido à presença colonial espanhola durante três séculos na cidade de Orão". (2004 :210)

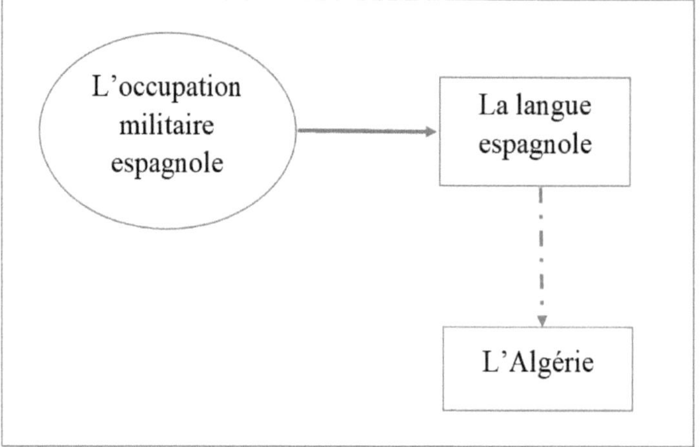

Monir (2023) atesta que: "Toda uma nova cultura se estabeleceu em solo oranês, como a gastronomia, as igrejas, e noutros lugares a igreja de Santa Cruz é o melhor exemplo vivo, que nunca deixa de atestar a presença da cultura espanhola em Oran..." (2023: 90). A Espanha construiu edifícios como a catedral de Santa Cruz, que é hoje o símbolo e a prova concreta da presença espanhola em Orán. Havia bairros com nomes espanhóis como Santiago.

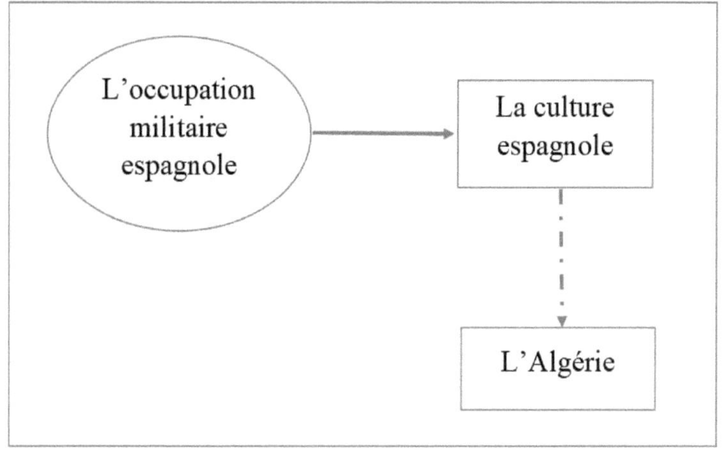

Durante a coabitação hispano-oraniana, os termos espanhóis foram emprestados da fala quotidiana argelina, como mostra Monir (2023): "Os espanhóis partilharam a cidade de Orão com os verdadeiros oraneses, viveram na mesma cidade e partilharam a mesma vida quotidiana; estes oraneses adquiriram pouco léxico espanhol, e esta aquisição foi inculcada nos oraneses de geração em geração". (2023 : 91). Para além disso, foram emprestadas algumas receitas culinárias espanholas, como a paella e a malagueta espanhola, e Carane[10]

Hoje em dia, o espanhol é utilizado na região de Oran. Nas conversas quotidianas, os termos espanhóis são utilizados na palavra falada, que é certamente no dialeto argelino. O espanhol é falado em toda a Argélia e especificamente em Oran, e é ensinado em escolas secundárias, universidades, centros de aprendizagem de línguas e no Centro Cervantes.

---

[10] Gratinado de grão-de-bico.

Inglês

Perante as imensas mudanças que ocorrem no mundo atual, graças aos avanços do conhecimento e da tecnologia, quase toda a investigação é feita em inglês e, no entanto, o mundo foi atingido por uma violenta onda de anglicismo.

O inglês é indispensável para a comunicação interpessoal à escala internacional e é utilizado nas principais transacções comerciais em todo o mundo. Etc.

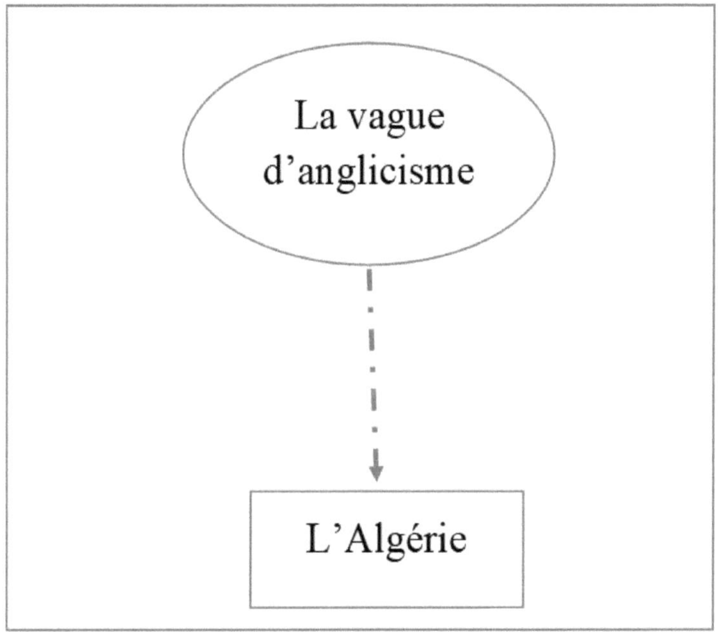

A Argélia é um dos países do mundo que foi atingido por esta onda de anglicismo. Atualmente, o sector do ensino superior e da investigação científica introduziu a língua inglesa nos cursos das universidades argelinas. O inglês está a ser introduzido nas aulas primárias (a partir do segundo ano). Os jovens argelinos estão familiarizados com o inglês graças aos filmes e canções americanos. O inglês é também utilizado na imprensa argelina, tal como no canal de televisão argelino *Algérie 24*. Na sociedade argelina, os termos ingleses são utilizados na língua local para designar um significado específico.

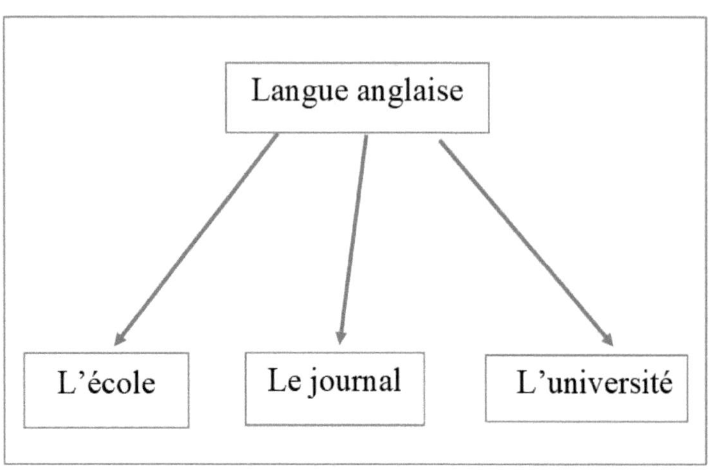

Langue anglaise
L'école
Le journal
L'université

O dialeto argelino

O dialeto argelino é uma mistura de línguas antigas e modernas, segundo Taleb Ibrahimi (2004): "o registo cuja aquisição e uso são os mais espontâneos, aquilo a que chamamos vulgarmente dialectos ou parlers" (2004: 207). O dialeto argelino é composto pela antiga língua púnica, pelo árabe clássico, pelo francês, pelo turco, pelo berbere, pelo espanhol e pelo inglês. O dialeto argelino tem um léxico rico, com lexemas e expressões emprestados de várias línguas para comunicar na vida quotidiana.

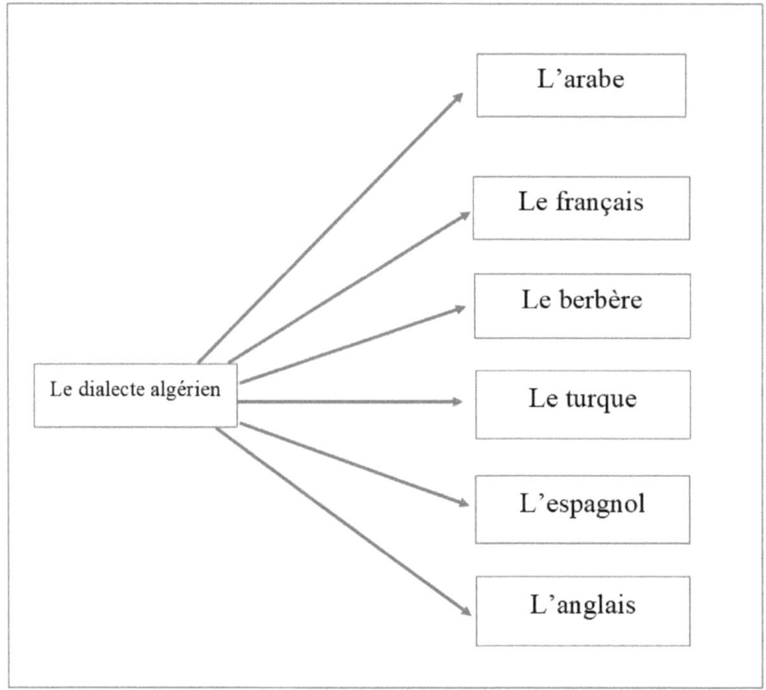

De acordo com Monir (2023): "As línguas regionais fazem parte do dialeto argelino, ou seja, a soma de todas as línguas é o dialeto argelino, ou seja, existe uma consciência linguística na Argélia que reúne todos os dialectos" (2023:86), tendo em conta que a Argélia é um país vasto com várias regiões e wilayas, sendo cada wilaya constituída por várias vilas e cidades, o dialeto argelino cobre todo o país. Por outro lado, o dialeto argelino varia entre as diferentes regiões da Argélia. Segundo Taleb Ibrahimi (*ibid.*): "quatro grandes regiões dialectais: o Leste em torno de Constantine, Algérois e o seu interior, Oranie e depois o Sul, a partir do Atlas do Sara" (2004: 207), existe o dialeto ocidental *de Lahdjat el Gharb*, utilizado na região de Oranie (todas as wilayas em torno de Oran), que é mais ou menos idêntico ao dialeto local marroquino. O dialeto argelino oriental, *Lahdjat echark*, utilizado na região de Annaba e nas wilayas circundantes a leste, é mais ou menos semelhante ao dialeto tunisino local. Existe o dialeto de Argel, que é utilizado na região de Argel (todas as wilayas que rodeiam Argel). Este dialeto não tem falantes semelhantes.

Por último, existe o dialeto argelino meridional, que é utilizado no sul e no extremo sul da Argélia. Este dialeto é aproximadamente idêntico à língua mauritana local.

Existe uma diferença entre os diferentes tipos de dialeto argelino, tanto em termos semânticos como em termos de pronúncia. Cada região tem a sua própria pronúncia e tem o seu próprio valor semântico para os mesmos lexemas argelinos comuns. A Argélia é rica em línguas que são utilizadas no mesmo território e que se enquadram em diferentes dialectos locais.

A poliglossia argelina e a polifonia linguística na Argélia

Corpus :

O corpus recolhido (que se encontra nos apêndices) para a elaboração deste trabalho provém de três jornais argelinos, *El Watan, L'Echo d'Algérie* e *Liberté*, que são jornais generalistas publicados diariamente, com uma tiragem média de 12.000 exemplares por dia. Os três jornais são escritos em francês e são vendidos tanto na Argélia como em França.

Polifonia :

A polifonia é, inicialmente, um conceito musical que consiste em reunir os sons de vários instrumentos para criar uma música harmoniosa. A harmonia dos sons e a cooperação que existe entre os sons de diferentes instrumentos musicais conduzem ao produto final que é a música coerente.

Polifonia linguística :

A polifonia também existe na linguística, que é, segundo Ducrot (1980): "quando interpretamos um enunciado, ouvir nele *uma pluralidade de vozes* diferentes da do locutor, ou como dizem alguns gramáticos sobre Palavras que o locutor não leva em conta, mas coloca, explicitamente ou não, entre aspas, uma 'polifonia'". (1980 : 44). A polifonia é a multiplicidade de vozes que existem num enunciado, sabendo que essa multiplicidade de vozes é completamente diferente da voz do locutor.

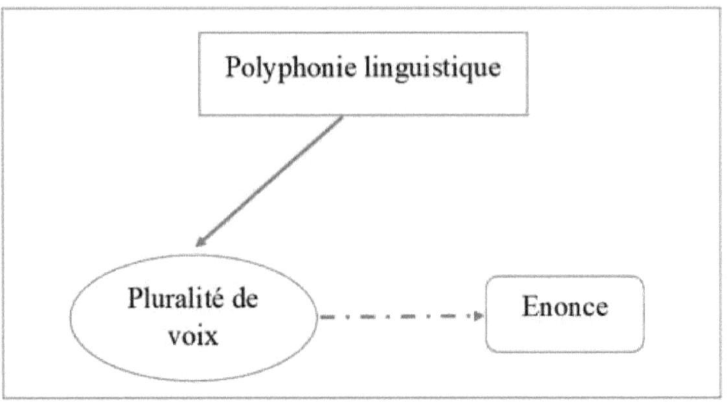

Para maior esclarecimento, Ducrot (1984) reafirma que: "para Bakhtin, há toda uma categoria de textos, e em particular de textos literários, para os quais é necessário saber que várias vozes falam simultaneamente.

textos literários, para os quais é necessário saber que várias vozes falam simultaneamente

sem que uma delas seja preponderante e julgue as outras". (1984 : 171). A polifonia é o fenómeno da variedade de vozes existentes num enunciado, sublinhando a caraterística de que cada uma das vozes é livre em relação às outras vozes e que uma das vozes dificilmente pode julgar a outra.

Por outro lado, a polifonia é diferente, de acordo com Nølke (2017): "é amplamente reconhecido que, na maioria dos casos, os textos comunicam muitos pontos de vista diferentes atribuíveis a vários participantes no discurso. A situação normal é que duas ou mais vozes sejam ouvidas no mesmo texto; os textos são polifónicos" (2017: 36). A polifonia linguística é um pouco diferente, segundo Nølke, é uma diversidade de pontos de vista que existem dentro de um determinado enunciado, esta diversidade de pontos de vista é regida por uma certa harmonia.

Além disso, não podemos falar de polifonia linguística sem abordar o conceito de dialogismo, que é o seu motor.

Dialogismo :

O dialogismo vem do diálogo, que é o oposto do monólogo, segundo Bakhtin (1979/1984): "A expressão de um enunciado é sempre, em graus diversos, uma resposta, ou seja: manifesta não só a sua própria relação com o objeto do enunciado, mas também a relação do falante com os enunciados dos outros. As formas de reação-resposta que preenchem um enunciado são extraordinariamente variadas e, até agora, nunca foram estudadas" (1979/1984: 299). O dialogismo é uma reação que toma a forma de uma pergunta/resposta dentro de um enunciado, a pergunta está sempre escondida mas a resposta é sempre mais ou menos clara, e esta resposta é gerada pelo falante. Bakhtin (1984) confirma que: "A compreensão responsiva de um todo verbal é sempre dialógica". (1984 :336-337). O dialogismo está ligado à resposta interactiva, que aparece como uma voz que pode polifonizar um determinado enunciado.

A ilha de texto :

O îlot textuel é um discurso relatado por excelência do qual resulta um certo número de propriedades, que detalharemos de seguida. Segundo Authier-Revuz (2020), a ilhota textual é: "apresentações académicas centradas na enunciação - textualidade, narração - que, se mencionam, a par das formas "clássicas" de DR - variadamente articuladas com estas e sob diversas designações : conotation autonymique, mise entre guillemets, îlots textuels, ... - formas que, em termos de modos de dizer, se enquadram, de facto, na modalisation autonymique d'emprunt (MAE), na modalisation par discours autre (MDA), mas que ignoram o sector, tão rico e tão presente no discurso, do MAS22 " (2020: 81). A ilha textual é o DR do discurso relatado, qualquer que seja a sua natureza; é colocada entre parênteses para indicar a autenticação do enunciado, que provém de um determinado enunciador.

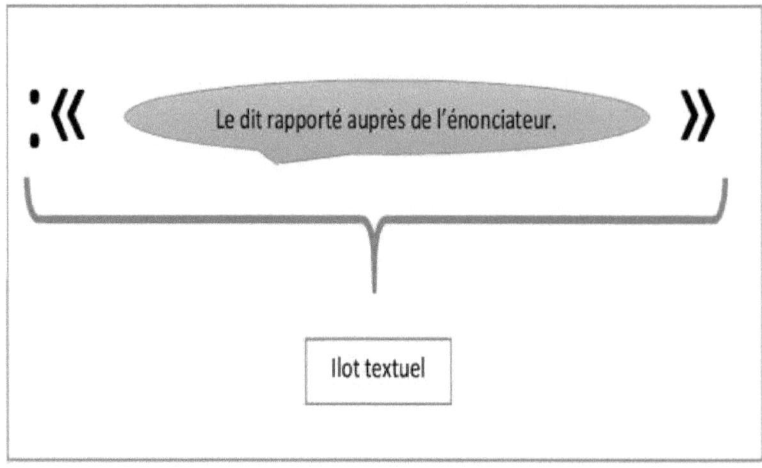

A ilha textual dá origem a modalizações, incluindo :

- (MAE) modalização de empréstimos autónomos :

Garante que o enunciado relatado é retomado; de acordo com o nome desta modalização, trata-se de um empréstimo total do enunciado relatado a um locutor.

- (MDA) modalização do discurso outro :

Aparece como marcas no enunciado relatado ao locutor, que mostram que esse enunciado é original e está relacionado com o mesmo locutor. Estas marcas podem ser expressões de emoção ou de opinião ou mesmo um pronome pessoal.

- (RDA) representação de outro discurso :

Trata-se de marcas que indicam que o discurso não é propriedade do orador, mas sim do orador que o proferiu.

Authier-Revuz (2020) acrescenta ainda que o fenómeno da ilha textual: "designa *uma* das configurações do aparecimento do MAE, no contexto da RDA," (2020: 303). A ilha textual *'Azul Fellawen, thanmirthenwen imi dussaem gherghouri (obrigado por me vires ver esta noite)', diz a cantora,* é um discurso relatado pelo jornalista-locutor ao público leitor, este fragmento é enunciado em berbere e francês, e faz parte do enunciado jornalístico argelino intitulado *Soirées du Ramadhan: La chanteuse kabyle, Yasmina, subjugate son public à Bouira*. O fragmento é encerrado entre aspas e mantém a sua transcrição em berbere e francês, a fim de preservar a originalidade da ilha textual. As aspas são o modo autonómico de empréstimo, o ato de tomar emprestado um enunciado ao seu verdadeiro autor ou enunciador. *Azul Fellawen, thanmirthenwen imi dussaem gherghouri (obrigado por me vires ver esta noite)* não é específico do jornalista-falante, mas é o enunciado de um enunciador que é cantor. De acordo com a decomposição da ilhota textual, há uma primeira voz, a do cantor, que aparece na ilhota textual *"Azul Fellawen, thanmirthenwen imi dussaem gherghouri (obrigado por me vires ver esta noite)"*. Por outro lado, o suporte para esta ilha textual é o resto do enunciado jornalístico argelino intitulado *Soirées du Ramadhan: La chanteuse kabyle, Yasmina, subjugate son public à Bouira*, que representa a voz do jornalista-falante. O enunciado jornalístico argelino intitulado *Soirées du Ramadhan: La chanteuse kabyle, Yasmina, subjugue son public à Bouira* é polifónico, na medida em que tem duas vozes: a primeira é a do enunciador (o cantor) e a segunda é a do jornalista-discurso.

Alternância códica :

O fenómeno da alternância de código é o contacto de dois códigos diferentes no interior de um mesmo enunciado, em que existe uma concordância gramatical e sintáctica que assegura um sentido lúcido. Segundo Gumperz (1989): "A justaposição, na mesma troca verbal, de passagens em que o discurso pertence a dois sistemas ou subsistemas gramaticais diferentes. Na maioria das vezes, a alternância assume a forma de duas frases consecutivas. Como quando um falante utiliza uma segunda língua para reiterar a sua mensagem ou para responder à afirmação de outra pessoa". (1989 : 57). A alternância códica é a justaposição de dois códigos, que são duas línguas diferentes, num enunciado, sabendo que estes dois códigos têm sistemas gramaticais completamente diferentes, mas que conseguem uma certa harmonia no enunciado para transmitir um significado.

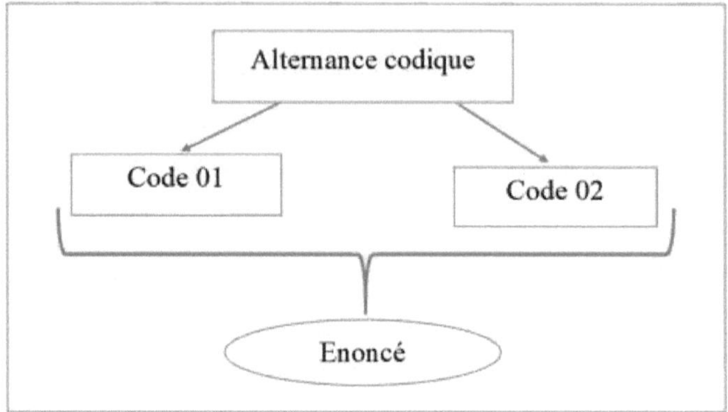

A marca de alternância códica *"Ulac smah ulac"*, *"Azul fellawen"*, *"Tubiret d-Imazighen"*, que identificámos no nosso corpus, tem a sua origem na língua berbere, que possui uma estrutura lexical própria e um sistema gramatical próprio baseado na gramática berbere, Por outro lado, existe uma certa harmonia entre a marca de alternância códica *"Ulac smah ulac"*, *"Azul fellawen"*, *"Tubiret d-Imazighen"* e o corpo do texto jornalístico em francês. O locutor, que utiliza o fenómeno da alternância códica no interior de um outro corpo de texto numa outra língua, cria e tece uma certa ligação linguística entre os dois corpos de texto, colocando os dois sistemas lexicais e gramaticais num certo grau de coordenação, o que cria uma harmonia entre os dois corpos. Na polifonia linguística, cada corpo representa uma voz polifónica, pelo que *"Ulac smah ulac"*, *"Azul fellawen"*, *"Tubiret d-Imazighen"* representam uma voz polifónica de pleno direito no interior do enunciado jornalístico argelino, que por sua vez representa outra voz polifónica. Por outro lado, a marca de alternância códica *"Ulac smah ulac"*, *"Azul fellawen"*, *"Tubiret d-Imazighen"* provém dos enunciadores-demonstradores, revelando que se trata da sua própria voz, ao passo que o corpo do enunciado jornalístico argelino que contém a marca de alternância códica é o aparente do jornalista-demonstrador, o que faz deste último uma segunda voz. Duas vozes (a marca de alternância códica *"Ulac smah ulac"*, *"Azul fellawen"*, *"Tubiret d-Imazighen"* e todo o corpo do enunciado jornalístico argelino, incluindo a marca de alternância códica) num único enunciado revelam que este enunciado jornalístico argelino intitulado *Le MAK et le MCB dans le calme* é polifónico.

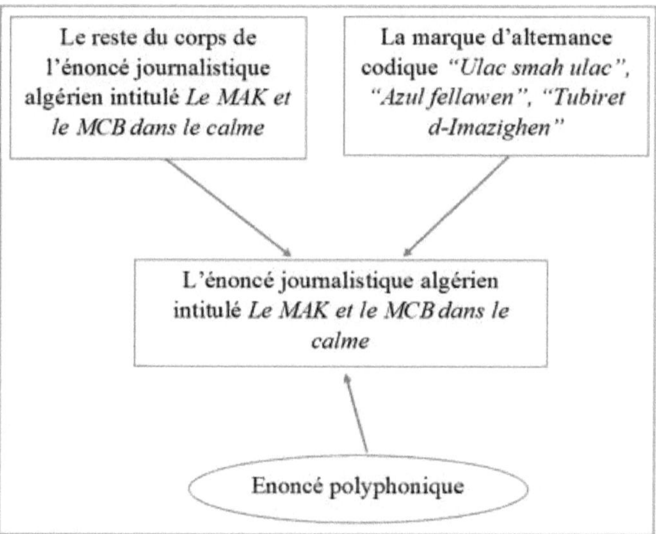

A marca de alternância códica *"Ntouma kbah w hna samtine w samet yarleb lekbih"* é justaposto ao corpo da declaração jornalística argelina intitulada *8.ª sexta-feira de protesto em Orão: uma mobilização espetacular e uma disciplina inabalável!* Em que se verifica uma certa harmonia entre os sistemas gramaticais das duas línguas, apesar das suas divergências.

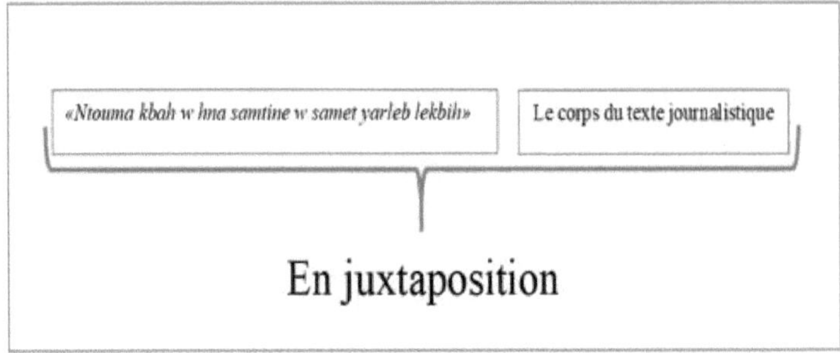

A marca de alternância códica *"Ntouma kbah w hna samtine w samet yarleb lekbih"* é apresentada como um enunciado específico dos enunciadores-manifestantes, enquanto o resto do corpo do enunciado jornalístico argelino intitulado *8ª sexta-feira de protesto em Oran: Uma mobilização espetacular e uma disciplina infalível!* representa o enunciado do jornalista-locutor. Os enunciadores-manifestantes exprimiram a sua voz polifónica no enunciado *"Ntouma kbah w hna samtine w samet yarleb lekbih"*, o jornalista-locutor apresenta a sua voz sob o resto do corpo do enunciado jornalístico argelino intitulado *8ª sexta-feira de protesto em Oran: Uma mobilização espetacular e uma disciplina inabalável!* Duas vozes numa mesma enunciação dão origem a uma enunciação polifónica, a enunciação jornalística argelina intitulada *8ª sexta-feira de protesto em Oran: Uma mobilização espetacular e uma disciplina inabalável!* comporta a voz do jornalista-discursor e a voz dos enunciadores-manifestantes, pelo que esta enunciação jornalística argelina é polifónica.

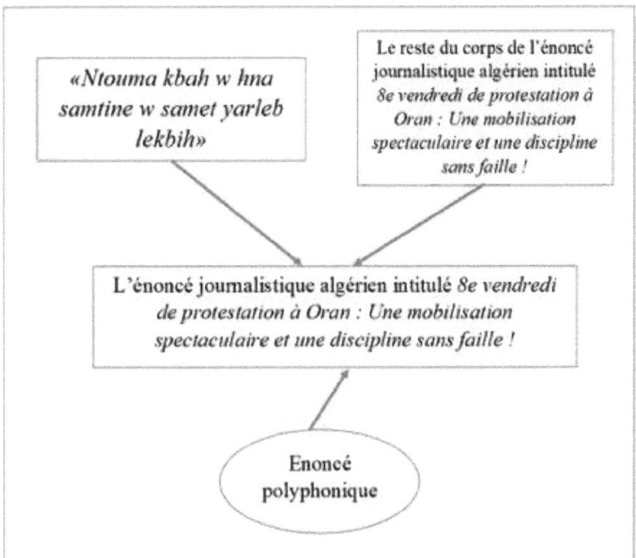

Empréstimo lexical :

O fenómeno do empréstimo lexical está frequentemente presente na imprensa escrita, para cobrir as necessidades semânticas do enunciado jornalístico. Segundo Dubois (1994), o empréstimo é: "uma unidade ou caraterística linguística que existia anteriormente numa língua B (chamada língua de partida) e que A não possuía, [utilizada e integrada numa] língua A" (1994: 177). O empréstimo é o uso de um lexema de uma língua chamada 01 numa outra língua chamada 02. Este processo envolve a adaptação e a inserção na língua emprestada; para que o lexema emprestado seja adequadamente harmónico na língua 02, certas condições lexicais e gramaticais devem ser satisfeitas. Porque, segundo Bres (2005), o empréstimo é: "um conjunto de marcas linguísticas extremamente heterogéneas" (2005: 12). A heterogeneidade que existe no fenómeno do empréstimo exige uma adaptação gramatical e lexical para que o enunciado que contém o empréstimo seja legível e tenha um sentido claro.

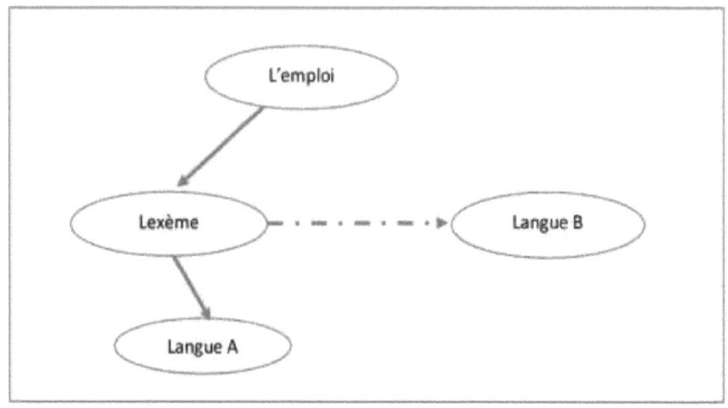

A marca de empréstimo lexical "*Hibra ala ouarak*" está em perfeita harmonia com o texto da declaração jornalística argelina intitulada *Reapropriação da revolução e/ou independência argelina*, porque a marca de empréstimo "*Hibra ala ouarak*" assumiu a mesma forma gramatical e lexical que o corpo do texto da declaração jornalística argelina *Reapropriação da revolução e/ou independência argelina*. É claro que, quando tomamos emprestado um lexema de uma língua, este tem de ser mais ou menos compatível com o sistema gramatical da língua de empréstimo. Na polifonia linguística, a marca de empréstimo "*Hibra ala ouarak*" representa uma voz específica de um determinado enunciador, que gerou primeiro a marca de empréstimo "*Hibra ala ouarak*" como fenómeno de empréstimo. Por outro lado, o resto do corpo do texto do enunciado jornalístico argelino intitulado *Reapropriação da revolução e/ou independência argelina* representa a segunda voz que remete para o locutor-jornalista. Assim, no interior do enunciado jornalístico argelino intitulado *Reapropriação da revolução argelina e/ou da independência,* existem duas vozes completamente diferentes e independentes (uma não depende da outra), o que significa que este enunciado jornalístico argelino é polifónico.

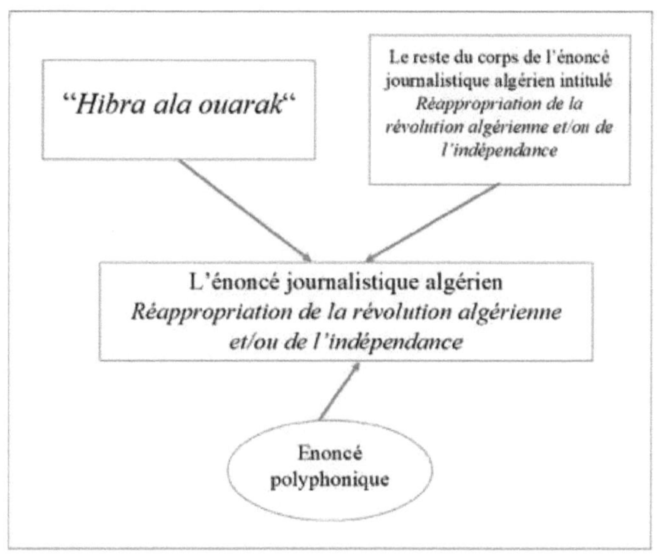

A marca de empréstimo *itnahaou Gaâ* é uma das vozes presentes no enunciado jornalístico argelino intitulado *Reapropriação da Revolução e/ou Independência Argelina*; essa voz é derivada de um dado enunciador que enunciou *itnahaou Gaâ* e que assume a responsabilidade enunciativa por ela. Por outro lado, o corpo do texto do enunciado jornalístico argelino intitulado *Reapropriação da Revolução e/ou da Independência Argelina*, que inclui a marca de empréstimo, é a voz do jornalista-destinatário e sobre a qual é imputada a responsabilidade enunciativa deste último. No interior do enunciado jornalístico argelino intitulado *Reapropriação da revolução argelina e/ou independência* há uma pluralidade de vozes: uma é própria do jornalista-falante e a outra é produto de um determinado enunciador, o que permite concluir que o enunciado jornalístico argelino intitulado *Reapropriação da revolução argelina e/ou independência* é polifónico.

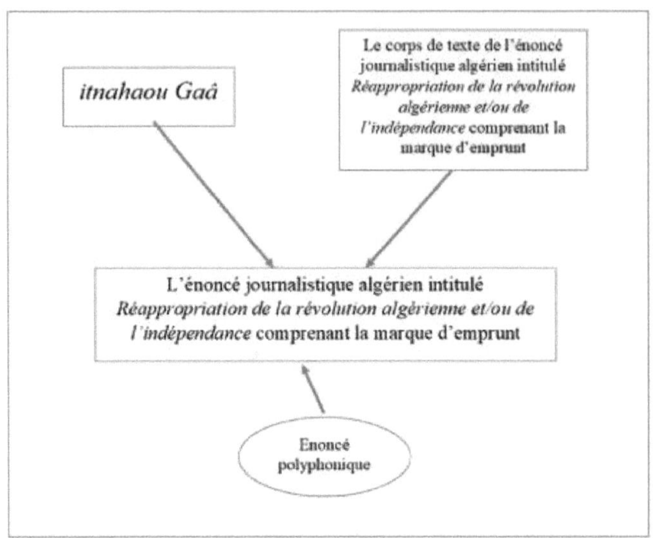

Neologia :

O fenómeno da neologia é a criação de um termo para fins lexicais. De acordo com Guilbert (1973), a neologia: "é um signo linguístico com um lado 'significante' e um lado 'significado'. Estas duas componentes são modificadas conjuntamente na criação da neologia, mesmo que a mutação pareça dizer respeito apenas à morfologia do termo ou apenas ao seu significado". (1973 : 18). A neologia é a criação de um significante e de um significado, para satisfazer as necessidades de uma língua que carece de certos lexemas. A neologia está sempre sujeita às normas gramaticais da língua de criação; a estrutura gramatical da língua de criação deve ser sempre seguida para criar um novo lexema adequado.

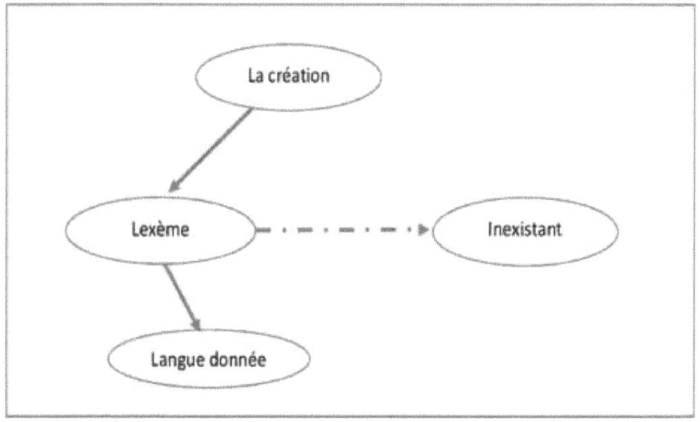

O marcador neológico *"les " hiraks ""* já está adaptado de acordo com o sistema gramatical francês. O lexema *"les " hiraks ""* é um termo de origem árabe que se transcreve como كحراكا, mas o criador do marcador neológico *"les " hiraks ""* transcreveu-o em letras francesas, colocando-o sob as regras gramaticais francesas (o plural S no final do marcador neológico *"les " hiraks ""* e o artigo define les).

No ângulo polifónico, o marcador neológico *"os 'hiraks'"* está em perfeita harmonia com o corpo do texto do enunciado jornalístico argelino intitulado *nous sommes qu'au tout début de la lutte pour la démocratie*. O enunciado jornalístico argelino *nous sommes qu'au tout début de la lutte pour la démocratie* contém discretamente vozes na sua estrutura interna. Para desconstruir as vozes existentes, a marca neológica *"les hiraks"* representa uma responsabilidade enunciativa que recai sobre as costas do enunciador que enunciou *"les hiraks"*, pelo que a marca neológica *"les hiraks"* é a voz de um determinado enunciador. Por outro lado, o texto da declaração jornalística argelina intitulada *"Estamos apenas no início da luta pela democracia"*, que inclui o marcador neológico *"les 'hiraks'"*, é uma responsabilidade enunciativa que está fortemente ligada ao jornalista-porta-voz e representa uma segunda voz do mesmo jornalista-porta-voz. Por conseguinte, o enunciado jornalístico argelino intitulado *nous sommes qu'au tout début de la lutte pour la démocratie* inclui uma multiplicidade de vozes que geram uma função polifónica dentro do mesmo enunciado jornalístico argelino intitulado *nous sommes qu'au tout début de la lutte pour la démocratie.*

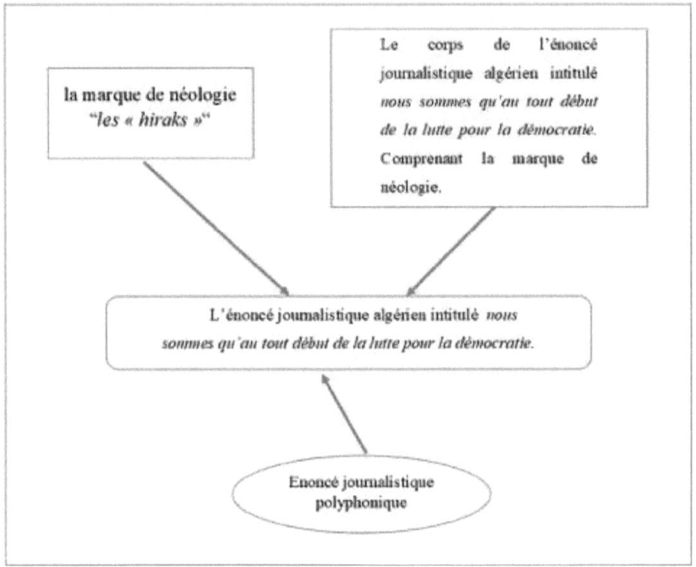

A marca neológica "SCAD" remete de forma enunciativa para um determinado enunciador e é a criação linguística deste último, "SCAD" é uma expressão condensada que designa :

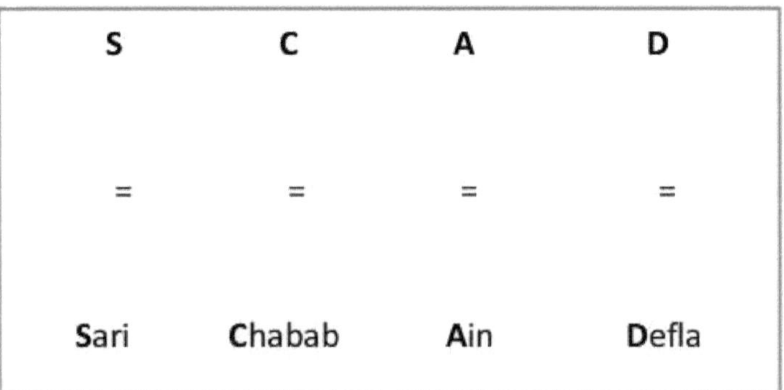

Sari Chabab Ain Defla é uma equipa de futebol argelina sediada na wilaya de Ain Defla, na Argélia. Esta marca de neologia "SCAD" está em perfeita harmonia com o corpo da declaração jornalística argelina intitulada *AFFAIRE IRBBM-SCAD **Une affaire encombrante***, porque o enunciador a submeteu às normas gramaticais francesas, a fim de produzir uma concordância semântica lúcida e clara para o leitor.

Polifonicamente, a marca neológica "SCAD" representa a voz do enunciador-criador do lexema, que deve assumir a sua responsabilidade enunciativa perante ele. A estrutura do enunciado jornalístico argelino intitulado *AFFAIRE IRBBM-SCAD **Une affaire encombrante***, que traz a marca neológica, é a voz do jornalista-locutor, que desempenha o papel intermediário de repórter entre o enunciador-criador e o público leitor. O enunciado jornalístico argelino intitulado *AFFAIRE IRBBM-SCAD **Une affaire encombrante*** é polifónico, na medida em que comporta duas vozes polifónicas (a do enunciador-criador e a do jornalista-locutor).

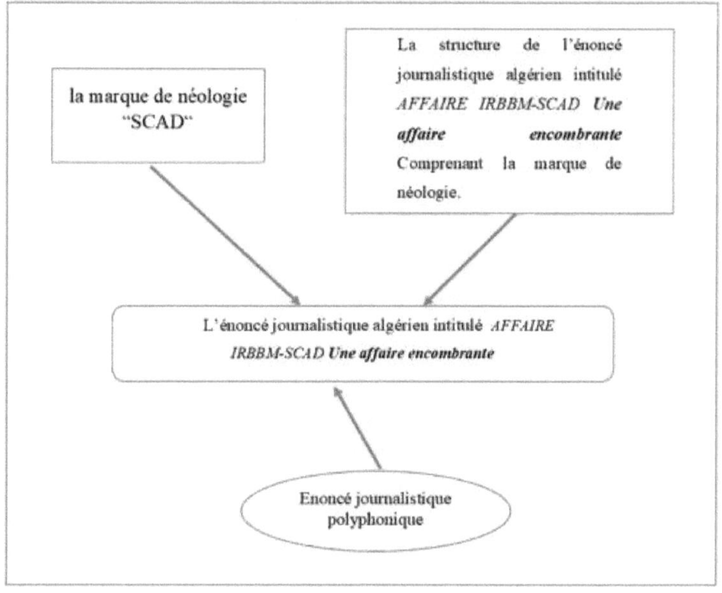

Conclusão

Se olharmos para o panorama histórico e linguístico das línguas faladas na Argélia, verificamos que existe um verdadeiro conflito linguístico, porque há um dialeto que combina várias línguas ao mesmo tempo. É verdade que a Argélia tem uma riqueza de línguas faladas dentro das suas fronteiras, mas isso levou a uma certa resistência entre as línguas, com cada uma delas a tentar prevalecer sobre a outra.

Em termos de polifonia linguística, a diversidade linguística na sociedade cria uma diversidade de discursos, assistimos a vários discursos em diferentes línguas, estes discursos são susceptíveis de serem mediados, o que significa que cada discurso numa dada língua representa uma voz, as vozes estão adequadamente ligadas aos seus discursos de origem e aos seus enunciadores cujas responsabilidades enunciativas assumem perante os seus produtos (os seus discursos=as suas vozes).

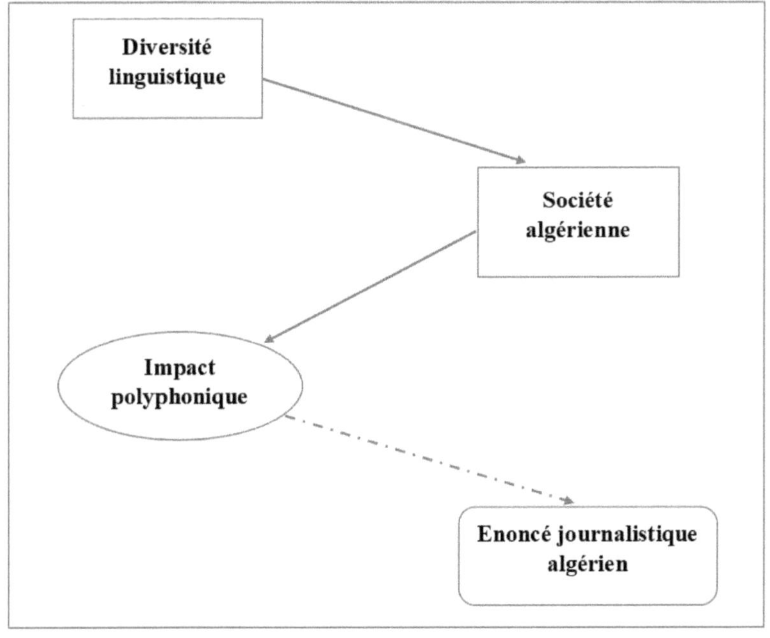

A situação conflitual da diversidade linguística na sociedade argelina tem um forte impacto polifónico na situação monofónica ou polifónica do enunciado jornalístico argelino.

Em conclusão, a situação de diversidade linguística na Argélia gera uma função polifónica no enunciado jornalístico argelino.

Bibliografia

Bibliografia :

- AUTHIER-REVUZ JACQUELINE. (2020). *La Représentation du Discours Autre Principes pour une description*. Degruyter.
- BAKHTIN MIKHAIL. (1984), *"Les genres du discours", in Esthétique de la création verbale*, Paris: Gallimard, pp. 263-308.
- BRES J., (2005), *"Le présent de l'indicatif en français : de quelques problèmes, et peut-être de quelques solutions", in Despierres C. e Krazem M. (eds.), Du présent de l'indicatif, Dijon*: Université de Bourgogne, pp. 27-52.
- DUBOIS JEAN ET AL. (1994). *Dicionário de linguística e ciências da linguagem*. Paris: Larousse.
- DUCROT .OSWALD ET AL. (1980) *Les mots du discours.* Paris. Les éditions de minuit.
  - DUCROT, OSWALD. (1984). *Le dire et le dit*. Paris. Minuit.
- GUILBERT LOUIS. (1973). *Teoria do neologismo*. In: Cahiers de l'Association internationale des études francaises, 1973, n°25. pp. 9-29
- GUMPERZ, J-J. (1989): *Engager la conversation*, Paris, Editions de Minuit.
- GUMPERZ, J-J. (1989), *Sociolinguistique interactionnelle. Uma abordagem interpretativa*, Paris, L'Harmattan.
- KHAOULA TALEB IBRAHIMI. (2004). Argélia: coexistência e concorrência linguística. Revistas de edição aberta
- Monir Riadh (2023). A polifonia no discurso jornalístico. Universidade Heinerich Heine. Dusseldorf Alemanha
- NØLKE HENNING. (2017). *Polifonia linguística: a abordagem escandinava: ScaPoLine*. Brill.

Apêndices

CONTRIBUTION

Réappropriation de la Révolution algérienne et /ou de l'indépendance

Par Me Aït-Zaï Nadia

CIDDEF

Le mouvement, le hirak, le sursaut, la Révolution du sourire, comment dénommer ce qui se passe en Algérie ?

Le cinquième mandat est ce qui a fait déborder le vase. Un Président en état d'incapacité de gouverner déclare se présenter de nouveau à la magistrature suprême du pays, alors que quelques mois auparavant, ses fidèles vénéraient son portrait, son cadre, à défaut de l'avoir en face d'eux ou avec eux. En spectateurs de cette mascarade, nous disions notre humiliation en silence, particulièrement lorsque des chefs d'Etat rencontraient le Président en exercice et qui au sortir de l'entrevue exprimaient leur satisfaction de l'avoir vu en bon état d'alacrité, dixit François Hollande. Imaginez la suite, ces personnalités commentant en privé leur rencontre...

Le peuple, ma génération, les partis politiques, spectateurs de cette mascarade, avaient du mal à exprimer leur refus du cinquième mandat pour des raisons multiples. La peur de revivre les années noires de violence qui ont conduit à la perte de plus de 200 000 morts, les calculs politiciens de la classe politique, incapable de s'entendre ou de s'unir autour d'une feuille de route commune et ou aucune femme n'a participé, hormis Louiza Hanoune, la menace brandie par le système, «l'Algérie sera comme la Syrie», de quoi refroidir les plus courageux

dans la rue. Les tensions se sont tues, les idéologies identitaires également, même si elles s'expriment en silence, (drapeau berbère). L'Algérie dans sa diversité est redevenue une et indivisible. La femme a trouvé sa place dans ce mouvement communautaire.

A partir du 8 mars, Journée internationale de la femme, des femmes ont manifesté en brandissant des banderoles dont les slogans posaient sur la scène publique des revendications féministes. L'abrogation du Code de la famille et l'application de l'égalité des droits entre les

protectrice, se transforme en détentrice de la morale conservatrice voulue par le Code de la famille. La policière a bien intériorisé ce comportement de dépendance de la femme au groupe, à la communauté. Le communiqué de la police justifie la fouille corporelle des quatre citoyennes, «comme une mesure qui consiste à ôter tout élément pouvant être utilisé par les personnes interpellées contre elles-mêmes ou contre autrui». Le communiqué est maladroit, surtout lorsqu'il évoque le «contre elles -mêmes», les filles ont manifesté, ce n'était pas des folles en crise ou des suicidaires. Le message était-il de nous faire comprendre que les femmes n'ont pas de raison ? Idée fortement ancrée dans les consciences et appliquée, puisque nous ne pouvons pas témoigner dans des actes officiels. Il nous est interdit de le faire, et ce, sans base légale, interdiction appliquée dès la promulgation du Code de la famille et surtout en référence à la tradition musulmane.

Peuvent-elles, peut-on être des citoyennes, des individus quand leur liberté, notre liberté est confisquée, contrôlée, hypothéquée et subordonnée à l'autorité du père, du frère, du mari ? Il ne s'agit pas de clamer ce droit constitutionnel, il faut le rendre effectif, l'exercer, ne pas avoir peur de le faire. Des étudiantes en conclave à Constantine, pour un débat sur le prolongement de la grève, ont soulevé les interdits familiaux auxquels elles sont confrontées, retour au domicile pour celles qui habitent hors de la wilaya d'étude si elles n'ont pas cours. Elles sont conscientes, réfléchissent, il faut qu'elles définissent elles-mêmes ce qu'elles veulent être.

> UNE JEUNESSE QUE L'ON CROYAIT PERDUE, DÉMOBILISÉE, DÉPOLITISÉE, S'EST AVÉRÉE UNE JEUNESSE CRÉATIVE, INNOVANTE, DRÔLE, FESTIVE, AYANT DU RESSORT. IL N'Y A

ENTRETIEN

MADJID BENCHIKH. *Professeur émérite à l'Université de Cergy-Pontoise*

«Nous ne sommes qu'au tout début

Le professeur Madjid Benchikh dresse, dans cet entretien, un bilan du *«soulèvement populaire»* comme il l'appelle, après trois mois de mobilisation ininterrompue. L'auteur de *Algérie : un système politique militarisé* analyse également le rôle du commandement militaire dans la gestion de l'après-Bouteflika. Le juriste estime que sortir de l'ordre constitutionnel actuel ne va pas propulser le pays dans le chaos mais, au contraire, *«ouvrir la voie à des institutions de transition démocratique susceptibles de redonner espoir au peuple»*. Il évoque, par ailleurs, son rôle au sein de la société civile pour l'élaboration d'un plan de transition consensuel, qui pourrait constituer une alternative sérieuse à la tenue d'une élection présidentielle condamnée à l'échec, et jeter les fondements de la nouvelle République.

Entretien réalisé par
Mustapha Benfodil

Nous en sommes à plus de trois mois de mobilisation populaire pour un changement radical du système politique. Quel bilan faites-vous du hirak, professeur ?

La mobilisation populaire a obtenu des victoires d'étape importantes qui doivent être soulignées. Le hirak est devenu rapidement un véritable soulèvement populaire qui montre un peuple debout, qui affirme sa dignité et

d'avancer que de reculer. La mobilisation doit continuer, y compris durant la transition démocratique. Elle doit garder sa force, sa détermination et surtout son intelligence pour répondre de façon appropriée aux manœuvres des tenants du système et tenir sur une longue période. Les derniers vendredis ont montré que, malgré le Ramadhan, le peuple sait faire la part des manœuvres et des luttes de clans relatives par exemple aux arrestations de ceux qui ont perdu le pouvoir. Le peuple montre qu'il reste concentré sur l'essentiel : il veut résolument obtenir le changement du système. C'est le propre des soulèvements politiques, c'est-à-dire

décideurs de se rapprocher de ceux qui luttent pour une transition démocratique et pas seulement de chanter la beauté du hirak pour ensuite le poignarder dans le dos. Ce n'est pas intelligent, ni même honnête. Cela ne mène à rien de constructif.

Tout bien considéré, il n'y a donc aucun danger à annuler les élections. Cela va diminuer la pression, et, du coup, permettra d'engager un dialogue avec la société civile, avec les syndicats autonomes, avec les personnalités indépendantes qui aspirent à la construction de la démocratie et peuvent, dès lors, apporter leur contribution à cette construction. Moi, je suis sûr que ce n'est pas se projeter dans le vide que d'aller dans cette direction mais, au contraire, s'engager dans la voie de la construction d'une nouvelle République qui reposera sur l'adhésion des populations. Cette adhésion transformera la nature de l'Etat sur les plans politique et juridique. Le peuple veut que les services publics fonctionnent bien, que les chemins de fer fonctionnent bien, que les transports fonctionnent bien, que la poste fonctionne bien, que la police accomplisse convenablement son travail, que la justice soit indépendante et «juste»... C'est cela l'Etat. Ce sont là les services publics principaux qui forment la colonne vertébrale de l'Etat. Et le peuple veut les protéger comme il le montre chaque vendredi. Par conséquent, si on avance dans la réalisation des aspirations de la population, portées par le soulèvement populaire, nous irons vers un Etat plus fort, plus solide que jamais. J'appelle le commandement militaire à réfléchir aux effets bénéfiques qui résultent de la confiance du peuple dans son Etat pour l'accomplissement des missions traditionnelles de toute armée moderne. Je l'appelle à engager le dialogue pour en finir avec son emprise sur la revendique les droits humains et les libertés démocratiques. C'est un véritable soulèvement parce que le peuple, en se mettant debout, désigne clairement son objectif : abattre le système autoritaire qui l'étouffait. Debout, il regarde non seulement devant lui mais aussi vers l'horizon. Il a dès lors des perspectives que ne définissent pas toujours les «hiraks» : il revendique un Etat démocratique. C'est un soulèvement populaire qui peut demain devenir une véritable révolution.

Le soulèvement a forcé Bouteflika à renoncer au 5ᵉ mandat, puis à la prolongation du 4ᵉ. Il l'a forcé à la démission. Il a même forcé le commandement militaire qui a, jusque-là, soutenu très clairement le 5ᵉ mandat, à intervenir pour demander le départ de Bouteflika. La mobilisation populaire a donc bouleversé les données de la scène politique. Elle a perturbé le système politique autoritaire sans cependant le terrasser. Il convient maintenant de se mobiliser pour obtenir le plus important et le plus difficile qui est le changement radical du système. Continuer à se mobiliser doit être le maître-mot pour aller vers une transition démocratique. Un peu comme le Romain Scipion l'Africain qui répétait toujours qu'il fallait détruire Carthage pour se rendre maître de la Méditerranée, le soulèvement populaire doit se mobiliser encore et toujours pour «dégager» le système autoritaire.

Ce soulèvement est ainsi porteur d'espoir. On peut déjà penser à plusieurs conséquences politiques pour l'avenir. Je pense notamment que les gouvernants auront désormais, quoi qu'il arrive, des difficultés à soumettre les populations. Ils ne pourront pas mettre en prison une grande partie de la jeunesse. Les partis politiques actuels seront probablement balayés, d'autant qu'ils sont pour la plupart très peu représentatifs. Le vieux doyen que je suis, pour reprendre le mot d'un journaliste, considère que ce soulèvement populaire obligera quiconque voudra gouverner à donner un vrai «coup de jeune» aux institutions politiques, économiques et sociales. A tous points de vue, ce soulèvement marque un tournant dans la vie politique dans notre pays. Le commandement militaire et les gouvernants devront en tenir compte...

Il reste cependant beaucoup à faire. Nous des peuples qui se mettent debout, de concentrer leurs énergies sur les objectifs essentiels.

Tous les vendredis, les Algériens expriment clairement leur rejet de l'élection présidentielle du 4 juillet. De son côté, M. Gaïd Salah nous signifie qu'en dehors du scrutin, c'est le chaos, en laissant entendre qu'une situation de vide constitutionnel pourrait être fatale pour notre pays. Objectivement, quelles pourraient être les conséquences d'un deuxième report de l'élection présidentielle ?

Renoncer à l'organisation des élections du 4 juillet c'est, non pas avancer vers le chaos, mais, au contraire, engager un processus politique qui permettrait de quitter un ordre constitutionnel autoritaire et sans légitimité populaire pour construire un ordre qui répond aux aspirations de notre peuple et notamment de sa jeunesse. Renoncer à l'élection du 4 juillet signifierait que l'état-major se résout à abandonner des positions qui le mènent droit dans le mur. On est donc loin de l'idée selon laquelle se dégager de cette application catastrophique de l'article 102, c'est entrer dans un vide juridique ou une situation de chaos dans l'organisation de l'Etat. J'entends même des juristes qui ont préconisé le recours à l'article 102 reconnaître maintenant l'impasse à laquelle il conduit.

Aujourd'hui, le vide est représenté par les institutions qui reposent sur la Constitution actuelle. Cette Constitution et ses institutions ont objectivement couvert les dérives du système politique et des gouvernants vers la corruption et l'arbitraire, avec l'appui de toutes les forces qui ont construit le système et l'intervention des oligarchies qui en profitent. C'est là un système bloqué devenu dangereux pour l'essor du peuple algérien et pour le développement de l'Algérie. Actuellement, ces institutions ne se réunissent même pas. Elles sont inutiles. Il est urgent de les abandonner. Qui peut croire qu'une Assemblée nationale depuis longtemps discréditée et mal élue et un Sénat qui est une insulte à la démocratie, notamment par l'existence de son tiers présidentiel, sont des institutions parlementaires dignes de ce nom. Le peuple les associe aux quotas de députés et de sénateurs fixés par les

désignant les sacs noirs dans lesquels les nouveaux riches distribuent l'argent destiné à pervertir les élections et l'élaboration des décisions. Tout cela milite pour la dissolution immédiate de ces institutions pour ouvrir la voie à des institutions de transition démocratique susceptibles de redonner espoir au peuple. C'est cela «accompagner» effectivement, et non en paroles, les revendications du soulèvement populaire. Continuer à vouloir organiser ces élections contre la volonté mille fois exprimée par des dizaines de millions d'Algériens et maintenir Bensalah, Bedoui, le Parlement et le Conseil constitutionnel, indique un attachement au système actuel sur lequel il est légitime de s'interroger. Surtout lorsque de tels discours viennent de ceux qui ont soutenu le 4ᵉ et le 5ᵉ mandats. Les Algériens qui manifestent savent bien comment a été édifié le système et qui en profite. C'est tout cela qui fait que les discours de Gaïd Salah sont hors sol et nient la réalité. Le commandement serait-il obnubilé par les avantages qu'il tire d'un système qu'il a toujours dominé ? Il risquerait alors de retomber dans les dérives du Président déchu.

On aboutit ainsi forcément à des analyses politiques faibles ou inconsistantes. Mais en même temps, tout cela est évidemment dommageable pour notre pays. Il est même dangereux, pour aujourd'hui et pour l'avenir, de ne pas avoir des décideurs capables de montrer une vision, sur la base d'une analyse politique sérieuse, basée sur l'histoire du système politique et soucieuse de comprendre les raisons de la mobilisation populaire contre le système politique qui nous a conduit aux dérives que l'on sait.

Vous avez toujours insisté sur le fait que le régime politique en Algérie est une «démocratie de façade», et qu'il y a une «permanence de l'emprise de l'armée sur le système politique». Cette question est d'ailleurs au cœur de votre livre Algérie : un système politique militarisé. Quelle lecture faites-vous du rôle de l'armée dans la gestion de l'après-Bouteflika ? Gaïd Salah peut-il lâcher du lest, selon vous, et accepter d'aller vers une véritable transition démocratique, lui qui semble très attaché à la légalité constitutionnelle en rejetant toute solution «politique» ?

Le passage à une démocratie implique que le commandement militaire ne sera plus au centre du pouvoir. Cela signifie la fin d'un système qui organise son emprise sur les principales institutions et sur la vie politique. Le commandement militaire organise cette emprise tout en se mettant à l'arrière-plan du système politique, sans gouverner au-devant de la scène, c'est-à-dire apparemment sans gérer lui-même les ministères et les entreprises. Et ce fonctionnement date depuis l'indépendance du pays. A partir de 1989, on a un texte constitutionnel de type démocratique, mais le maintien de l'emprise du commandement militaire sur la vie politique ne permet d'aboutir qu'à une démocratie de façade.

L'emprise s'exerce d'abord par le fait que c'est toujours le commandement militaire qui choisit la pièce maîtresse du système, c'est-à-dire le chef de l'Etat, puis le fait élire avec des élections truquées. Tous les chefs de l'Etat en Algérie ont été désignés de cette manière. C'est le commandement militaire qui a ramené Ben Bella, qui a désigné Chadli, Boudiaf, Liamine Zeroual, et aussi celui qui vient de partir (Bouteflika, ndlr)... On est d'emblée au cœur de la militarisation du système.

Mais il y a plus et peut-être encore plus important. Le commandement militaire a mis à sa disposition, pour tout ce qui concerne l'élaboration des grandes décisions politiques, la Sécurité militaire, devenue par la suite DRS. Le DRS constitue à ce titre l'organisme qui s'occupe «du politique», au service du d'entre les militants engagés, où la menace tout court de vous priver de votre liberté non sans pour autant vous avoir au passage traité de traître à l'Etat algérien, car les décideurs se sont sentis dépositaires du nationalisme et de la distribution des bons points à ceux qui les suivent.

Mais voilà, à la grande surprise de tous, des jeunes se sont réapproprié l'espace public longtemps confisqué par le pouvoir, faisant dire à Benjamin Stora : «*Incontestablement, il s'agit d'une page d'histoire très importante de l'Algérie contemporaine qui nous renvoie aux grandes fêtes de l'été 62, les fêtes de l'indépendance.*» Il ajoute : «*Il ne faut pas oublier que la Révolution algérienne est le fait des jeunes.*»

Une jeunesse que l'on croyait perdue, démobilisée, dépolitisée s'est avérée être une jeunesse créative, innovante, drôle, festive, ayant du ressort. Il n'y a qu'un seul 5, c'est celui de Chanel, a écrit un jeune sur sa pancarte.

Deuxième Révolution, deuxième République, continuité de la Révolution algérienne, ou alors simplement réappropriation de l'indépendance ?

Leurs mots d'ordre, hormis le refus du 5e mandat, le départ du système, des tenants du pouvoir, le départ des trois B, c'est aussi et surtout l'Etat de droit, la liberté, l'abolition des privilèges, la justice sociale, la redistribution des richesses du pays, l'égalité des chances. Grâce à eux, nous nous sentons délestés d'un poids trop longtemps porté sur nos épaules, les courbant et redressées grâce à leur énergie. Nous avons retrouvé la parole et recouvré notre dignité.

Cette jeunesse n'est-elle composée que de jeunes hommes ? Non, les femmes, tous âges confondus, ont massivement rejoint, investi, ce mouvement de révolte, particulièrement les étudiantes et les jeunes militantes du mouvement associatif, ainsi que les femmes des corporations professionnelles, avocats, médecins et autres. Ce qui donne la force au mouvement et son caractère pacifique, c'est la présence des personnes âgées, femmes et hommes, des familles, des bébés et enfants. Les Algériens, de toutes conditions sociales, se côtoient, se parlent et s'initient au vivre-ensemble en se découvrant et en s'entraidant

hommes et les femmes. A Tlapate, un collectif de femmes a demandé l'abrogation de la clause de pardon relative à l'article 341 bis du Code pénal promulgué dans le cadre de la loi contre les violences faites aux femmes. Oran et les autres wilayas n'étaient pas en reste de la célébration de cette journée redevenue revendicative et non festive.

Le vendredi 29 mars à Alger, des hommes ont agressé, verbalement et physiquement, le groupe du collectif de femmes algériennes pour un changement vers l'égalité, qui manifestait à Alger-Centre, debout sur le trottoir, dans un carré appelé carré féministe, près de la fac centrale.

Ce n'est pas le moment. Vous divisez le mouvement, un seul mot d'ordre, «Non au cinquième mandat», criaient les hommes, je dirais les meneurs. Les banderoles furent arrachées, des femmes agressées verbalement, frappées et arrosées d'eau pour les disperser. Silmia, Silmia, criaient les femmes agressées, terme utilisé par l'ensemble des manifestants pour donner un caractère pacifique au mouvement et ne pas répondre aux provocations des services de sécurité, sauf que dans cette situation, les policiers présents sollicités ne sont pas intervenus.

«Ce n'est pas le moment» est aussi brandi par des femmes, qui souhaiteraient voir partir le système d'abord et instaurer l'Etat de droit ou l'égalité s'instaurerait naturellement. Cela nous rappelle les discours politiques des années 1976, où il était écrit : «La femme algérienne en participant au développement économique du pays accéderait à l'égalité», Mohamed Harbi répliquait : «C'est un euphémisme de croire, de penser que parce que la femme algérienne a participé à la libération du pays elle aurait acquis sa liberté.»

Une moudjahida, Baya Hocine, dans le même sillage, déclare : «*Nous avons franchi les digues de la tradition en rejoignant les maquis, en 1962, les digues se sont refermées sur nous.*»

Est-il de tradition de voir les femmes défiler, participer à des mouvements, oui bien entendu, il faut se souvenir des années, 1962, 1990, 1995, 2000, pour se faire une idée de l'engagement politique des femmes, qui gardent en mémoire et comme modèles les moudjahidate, à l'instar de Hassiba Ben Bouali, morte à 17 ans, de Djamila Bouazza, décédée, de Djamila Bouhired, de Louizette Ighil Ahriz, qui se sont

mêlées aux manifestants, rappelant au passage la confiscation de l'indépendance de l'Algérie.

Le pays est en péril, je le défends, je n'attends pas la permission de mes tuteurs, je brave l'interdit, disaient les moudjahidate et militantes. A ces périodes et cela ressemble étrangement à aujourd'hui, lorsqu'on mettait en avant les droits des femmes, l'abrogation du Code de la famille, on nous rétorquait : «*Ce n'est pas le moment.*» Ce n'est jamais le moment de penser, de réfléchir la citoyenneté de la femme dans l'espace privé au même titre que celle de l'homme, il faut se taire, on serait tenté d'adopter la maxime : «Cachez ce sein que je ne saurais voir.»

Liberté, scandent les jeunes hommes et jeunes femmes, Comment la réfléchissent-ils ? Si cette liberté, cette égalité n'est pas réfléchie dans le cadre d'un choix rapide d'un projet de société, elle risque, comme à l'indépendance en 1962 et durant les années de braise en 1995 de devenir éphémère, transparente, être comme dit l'adage arabe : «Hibra ala Ouarek.»

Liberté de manifester dans les rues les jours de semaine, les filles l'ont appris à leurs dépens. Elles ont été arrêtées, conduites au commissariat et mises à nu pour une fouille, alors que les hommes qui ont été arrêtés ne l'ont pas été. La fouille fut-elle délibérée ? Fût-elle faite par une femme policière pour les humilier, pour leur rappeler leur condition de femme, pour annihiler leur liberté ? Si oui, c'est alors une liberté qui appartiendrait en prolongement de la famille à l'institution qui, au lieu d'être

de février 2019, consacrée aux jeunes (8,76 millions de jeunes ont moins de 25 ans pour une population de 42 millions d'habitants), a révélé que «*très majoritairement, la jeunesse algérienne approuve la séparation de la religion et de l'Etat*». Deux tiers des jeunes interrogés sont contre l'interférence du religieux dans la vie politique. La répartition des réponses par genre donne 63% pour les filles, 67% pour les garçons.

L'enquête révèle que très peu de jeunes accordent confiance en leurs institutions et la politique partisane peu attractive, ce qui explique les exclusions des partis politiques du mouvement de manifestation et les mots d'ordre contre le système.

Seront-ils entendus, avec qui négocier, avec qui dialoguer, leurs demandes se transformeront-elles en un projet de société ? quelqu'un a dit que tous les mots d'ordre réunis dans ce mouvement peuvent être compilés et transformés en Constitution.

Respect des droits individuels, liberté, égalité en droits entre les hommes et les femmes, séparation des trois pouvoirs, transparence, état de droit, justice sociale, distribution équitable des richesses, souveraineté du peuple.

Le mouvement ne veut pas se doter de leader de peur de voir celui-ci être phagocité, les jeunes filles et garçons sont à l'affût, selon leur propos, de toute personne qui veut surfer sur la vague. Personne n'ose dire, je représente le mouvement. Ils doivent tous partir, «Itnahaou Gaâ», scandent les manifestants.

A la douzième sortie, les demandes sont les mêmes, départ du système, des propositions de sortie de crise sont proposées par différents groupes, mais les dirigeants, jusque-là, restent sourds aux sollicitations des citoyens.

La solution constitutionnelle est dépassée, il reste la solution politique, la négociation d'où ne doivent pas être exclus les jeunes et les femmes.

Pour les femmes, la résolution 13/25 l'exige.

La résolution impose aux différentes parties en conflit de respecter les droits des femmes et de soutenir leur participation aux négociations de paix et à la reconstruction post-conflit.

A. Z. N.

O MAK e o MCB mantêm a calma

Para comemorar o duplo aniversário da primavera Berbere e da primavera Negra, várias centenas de cidadãos desfilaram pelas ruas de Bouira, gritando palavras de ordem contra o governo e exigindo o reconhecimento oficial do Tamazight. Desde as primeiras horas da manhã, os autocarros dirigiam-se para o ponto de partida desta marcha convocada pelo MCB e pelo MAK. Foi por volta das 9 horas da manhã que uma dezena de jovens foi detida pela polícia quando se preparava para exibir cartazes em frente à universidade Akli-Mohand-Oulhadj. Após conversações entre a polícia e os activistas do MCB, os jovens foram libertados alguns minutos mais tarde. O primeiro grupo de manifestantes, constituído por activistas do MAK, subiu a avenida em direção à sede da wilaya. "Poder assassino", "Ulac smah ulac", "Azul fellawen", "Tubiret dlmazighen" foram entoados a plenos pulmões ao longo de todo o percurso. O segundo quadrado, composto por activistas do MCB, seguiu o mesmo percurso, mas sem entoar as mesmas palavras de ordem. Chegados à frente da sede da wilaya, onde se encontrava a polícia, os dois quadrados reagruparam-se antes de se dirigirem para a esplanada da Casa da Cultura Ali-Zaâmoum. Bellal Nouredine, apoiante do MCB e um dos iniciadores da marcha, fez um discurso improvisado no local.
 "Este ano estamos a celebrar o 34º aniversário da primavera Amazigh num contexto muito especial. Estamos aqui hoje para exigir o reconhecimento da identidade e da língua amazigh e o respeito pelas liberdades democráticas. Estamos também a manifestar-nos contra a impunidade dos responsáveis pelos massacres da primavera Negra de 2001 e queremos dar o nosso apoio e reafirmar a nossa solidariedade para com os moçabitas." Os jovens manifestantes do MAK tentaram tomar a palavra para explicar o seu ponto de vista atacando, como fazem todos os 20 de abril, a estela do emir Abdelkader erigida no coração da cidade de Bouira. No entanto, foram rapidamente repreendidos pela sensatez dos militantes do MCB, que sublinharam o carácter pacífico da ação. Os manifestantes dispersaram-se pacificamente e não foram registados incidentes.
13 de abril de 2019

IRBBM-SCAD CASE **Um caso complicado**

*O caso do IRB Bou Medfaa Ŕ SC Aïn Defla (grupo centro-oeste da
liga inter-regional) continua a ser objeto de controvérsia, mais de um
mês após os incidentes que levaram à interrupção final do jogo,
quando o resultado era 1-1. Recorde-se que, em primeira instância, a
Comissão Disciplinar da LIRF atribuiu o jogo à equipa visitante
O jogo foi atribuído à equipa visitante (SCAD), na sequência dos
relatórios dos árbitros do jogo, do árbitro Ibrir e dos dois delegados,
Hemani e Douib. O IRB Bou Medfaa interpôs recurso, após o que o
Comité Federal de Recursos decidiu remarcar o jogo. As duas
decisões contraditórias do comité disciplinar da LIRF e do comité de
recurso vão exigir a arbitragem do conselho federal, que deverá
pronunciar-se sobre o assunto amanhã, segunda-feira. Há várias
versões contraditórias e demasiadas zonas cinzentas neste
e demasiadas zonas cinzentas neste caso. A começar pelas
verdadeiras razões da presença no relvado dos adeptos da equipa
visitante (SCAD). Segundo um documento apresentado pelo IRBBM,
um relatório da gendarmaria de Bou Medfaa, "os adeptos da equipa
visitante invadiram o campo sob o pretexto de que lhes tinham sido
atiradas pedras". Esta versão é contrariada pelo relatório da mesma
instituição, o comando de Aïn Defla, que afirma que "os adeptos do
SCAD entraram no campo sob a pressão de pedras atiradas". Há uma
diferença na utilização dos termos "sob pretexto" e "sob pressão".*

I want morebooks!

Buy your books fast and straightforward online - at one of world's fastest growing online book stores! Environmentally sound due to Print-on-Demand technologies.

Buy your books online at
www.morebooks.shop

Compre os seus livros mais rápido e diretamente na internet, em uma das livrarias on-line com o maior crescimento no mundo! Produção que protege o meio ambiente através das tecnologias de impressão sob demanda.

Compre os seus livros on-line em
www.morebooks.shop

info@omniscriptum.com
www.omniscriptum.com

OMNIScriptum

Printed by Books on Demand GmbH, Norderstedt / Germany